guía
burros

LA SABIDURÍA DE LAS GRANDES RELIGIONES

SEBASTIÁN VÁZQUEZ

www.grandesreligiones.guiaburros.es

EDITATUM

Diseño de cubierta: © María José Ocón Ortigosa(EDITATUM)
Maquetación de interior: © EDITATUM
Ilustración de cubierta: rawpixel.com / Freepik

Primera edición: Noviembre 2019

ISBN: 978-84-18121-02-9
Depósito legal: M-36960-2019

Si después de leer este libro, lo ha considerado como útil e interesante, le agradeceríamos que hiciera sobre él una **reseña honesta en Amazon** y nos enviara un e-mail a **opiniones@ guiaburros.es** para poder, desde la editorial, enviarle **como regalo otro libro de nuestra colección.**

A mi esposa María José, a la que me une todo aquello que no cabe en las palabras.

A mis amados hijos Nubia, Santiago y Miranda.

A mis nietos Erika, Lucas y Lía, que son amor de amores.

A mis padres, que tanto quiero, por lo que me enseñaron y aún me enseñan.

A mis hermanos, Gerardo y Raquel, por ser como son: bondad y alegría.

A mis abuelas, que vivieron y murieron tiernas y sabias.

A mis amigas y amigos, vosotros sabéis quienes sois, por todos esos momentos de complicidad, apoyo y confianza mutuos.

A todos aquellos con quienes comparto la aventura de intentar vivir el Recuerdo, la Intención y el Abandono.

A Katia, por el vínculo visible e invisible.

Y a Doménico, con inmensa gratitud y sincero reconocimiento.

Sobre el autor

Sebastián Vázquez lleva vinculado al mundo del libro desde hace más de treinta años y es un estudioso del pensamiento heterodoxo y de las religiones, especialmente de las orientales y la egipcia.

Durante 20 años fue editor de líneas de heterodoxia, salud natural y psicología humanista y fue director de Arca de Sabiduría, colección especializada en textos clásicos de las filosofías y religiones de Oriente. Ha colaborado en diversos medios de comunicación e imparte seminarios y conferencias regularmente.

Es autor de varios libros como *El tarot y los dioses egipcios*, *Enseñanzas de la Tradición Original*, *Guíaburros: La salud emocional en tu empresa*, *Guíaburros Rutas por lugares míticos y sagrados de España*, *Guíaburros Cómo perjudicarse a uno mismo*, *Guíaburros Budismo*, *Guíaburros Cuentos de Oriente para Occidente* y coautor de *Los 120 mejores cuentos de la tradición espiritual de Oriente*, *Los mejores cuentos de las tradiciones de Oriente* y *Rutas Sagradas*. Ha publicado las novelas *Por qué en tu nombre* y *El karma del inspector González*.

Desde hace diez años organiza viajes por España. Especialmente viaja a Egipto con pequeños grupos interesados en profundizar en el conocimiento de esta cultura a la par que imparte un curso *in situ*.

Índice

Introducción

En esta antología he pretendido acercar al lector el espíritu más elevado del ser humano en su búsqueda de Dios. Para ello, he recurrido a la misma fuente y médula de las grandes religiones, las cuales, más allá de sus avatares históricos, sus estructuras o sus peculiares ritos o creencias, son capaces de poner de manifiesto un profundo caudal de sabiduría y, sobre todo, aportar la experiencia viva de muchos hombres y mujeres en su encuentro con lo trascendente.

Esta selección no pretende ser exhaustiva —perdería su carácter esencial— ni completa, sería imposible, ni erudita, carecería del poder de comunicar; en cambio, si he procurado que evidencie las tres facetas más comunes que envuelven el anhelo de lo divino: los elementos ético-morales de conducta, los aspectos filosóficos relativos al conocimiento de lo creado —especialmente al autoconocimiento—, y el factor indispensable del amor de Dios y a Dios, representado por la vía mística.

Para ello, he elegido las que en mi opinión son las seis grandes corrientes religiosas que la humanidad ha conocido hasta hoy: hinduismo, budismo, taoísmo-confucianismo, judaísmo, cristianismo e islamismo.

Algunos debatirán si el taoísmo puede considerarse o no una religión, o si el budismo incluye en su enseñanza el concepto de Dios, o la razón por la que he unido taoísmo y confucionismo, pero estas cuestiones quedan para especulaciones de eruditos, y, como he comentado al principio, poco tienen que ver con el espíritu de este libro.

Respecto a las fuentes, he optado principalmente por aquellas más representativas y reconocibles para el lector, y solo en ocasiones he decidido incluir textos o autores menos conocidos, pero la mayoría de citas son fácilmente accesibles y localizables en libros traducidos al castellano, siendo muchas de ellas clásicas en sus respectivas culturas y credos.

Casi es innecesario añadir que, como toda recopilación, es absolutamente subjetiva, y atiende exclusivamente a mi propia sensibilidad y criterio en lo que se refiere a la capacidad de impacto de los textos y citas seleccionados, pero creo sinceramente que es tal la potencia de estas páginas que queda en un plano irrelevante una hipotética argumentación a favor de unas u otras opciones.

Naturalmente, otro objetivo implícito es el de mostrar que las diferencias entre las grandes religiones son, en esencia, meramente formales y se refieren a los aspectos más periféricos. Sé que esta afirmación, por otro lado realizada por muchos en muchas ocasiones, ha sido y es motivo de encendidas críticas y polémicas, pero confío en que esto tampoco evite al lector el permitirse contemplar cómo hombres y mujeres de distintas razas, épocas, culturas y religiones, son capaces de hacerle llegar hasta lo más hondo del corazón y lo más profundo de la mente el sentimiento intenso de una experiencia viva, y sobre todo mostrarle que en todos subyace una pulsión que avanza hacia un mismo destino: Dios.

Desde esta perspectiva, este libro que tiene en sus manos aspira a ser una obra de cabecera susceptible de ser abierta por cualquier página, y ofrecerle, justo en ese instante, un consejo, una frase precisa, una reflexión, una guía de conducta, o simplemente una luz que alumbre la confusión o duda.

Que este libro sea para usted un amigo, amable lector, que haga de él algo personal, íntimo, que pueda convertirse en un instrumento de ayuda, crecimiento y consuelo. Esta ha sido mi única intención, lo demás queda de su parte.

Sebastián Vázquez Jiménez

Dios no existe, es

Doménico Douady

HINDUISMO

Si ves la menor distintinción entre Dios* y ti mismo, entonces no has comprendido.

Upanishads

Cuando desparece del corazón todo deseo, el mortal se vuelve inmortal. Y en ese mismo instante alcanza a Dios.

Upanishads

¿Qué es aquello que una vez conocido permite conocer todo lo demás?

Upanishads

Al fin llegarás al conocimiento de ese Ser que está fuera de ti y al mismo tiempo dentro de ti.

Upanishads

---

*En el hinduismo, Brahman es el nombre del Ser Supremo o Absoluto. Se ha elegido el término Dios para facilitar la comprensión al lector no familiarizado con las religiones de Oriente. Lo mismo ocurre con los nombres de Yaveh o Alá, que se han unificado bajo el término de Dios.

En verdad, no todo es digno de amor para que puedas amarlo todo; sino que todo es digno de amor para que puedas amarte tú.

Upanishads

Cuando se ha conocido el Atman* supremo, que reposa en un lugar desconocido, sin partes y sin dualidad, Testigo*, exento del ser y del no-ser, se llega a la esencia pura.

Upanishads

Eres lo que es tu deseo profundo que te impulsa.

Como es tu deseo, así es tu voluntad.

Como es tu voluntad, así son tus obras.

Como son tus obras, así es tu destino.

Upanishads

---

*En el hinduismo este término se refiere al Ser real. El Principio Superior individualizado.

** Se define como Testigo al Atman en su faceta de observador puro no involucrado en la apariencia de las formas y libre del deseo de contacto con los objetos sensoriales.

La mente puede ser pura e impura. La impura viene determinada por los deseos, la pura carece de ellos. La mente es para el hombre la causa de su esclavitud y de su liberación; cuando se apega a los objetos de los sentidos, es causa de esclavitud; cuando no tiene relación con los objetos, lo es de liberación.

Es necesario eliminar el apego de los sentidos a los objetos, y volver a situar la mente en el corazón; cuando el Atman llega a abandonar las modificaciones pensantes, obtiene el estado supremo.

Upanishads

Aquel es conocido por quien cree no poder conocerlo; quien cree conocerlo, en verdad, no lo conoce.

Aquel no puede ser comprendido por quienes pretenden conocerlo, precisamente porque lo toman por un objeto de conocimiento, como ocurre con un simple dato del mundo exterior.

Aquel es comprendido por quienes saben que no pueden conocerlo, pues éstos intuyen que es el Sujeto absoluto.

Aquel no puede convertirse jamás en objeto de conocimiento.

Upanishads

La vida, dotada de respiración, es empujada a cumplir sus funciones y reposa firmemente en los mundos que le corresponden; la vida del cuerpo mortal, ¿cuándo se hace inmortal?, ¿y qué es lo que la sostiene?

Upanishads

¿Quién ha visto al Ser Primigenio en el instante de su nacimiento?

¿Qué es lo que está dotado de sustancia y qué sostiene lo que no tiene sustancia? El alimento y la sangre vienen de la Tierra, pero ¿te has preguntado donde está el alma?

Los Vedas

En una gota de agua también Él está escondido.

Los Vedas

Hay tres clases de personas en el mundo:

La primera clase la constituyen los que son justos por naturaleza.

La segunda clase es la de los que solo les importan los beneficios que puedan obtener. Pero hay un tercer tipo de hombre que se obstina y disfruta haciendo el mal. Quiero saber a qué clase perteneces.

Mahabharata

La virtud es preservada por la sinceridad; la inteligencia por la aplicación; la belleza por la limpieza y la nobleza por el buen carácter.

Mahabharata

No te tomes consejo de hombre insensato, indeciso, indolente o adulador.

Mahabharata

La conservación de la especie se debe a que el hombre sabe perdonar.

Mahabharata

Nuestro cuerpo es un carro, el alma el conductor, los sentidos los corceles y la mente las riendas.

Mahabharata

Sé desprendido y cumple la acción que constituye tu deber, ya que cumpliendo esta acción de modo desprendido, el hombre alcanza a Dios.

Bhagavad-Gita

El mundo está preso en su propia actividad, salvo cuando los actos se realizan como adoración a Dios. Por lo tanto, realiza todos tus actos de un modo sagrado.

Bhagavad-Gita

Lo que no existe no puede dejar de existir; lo que no existe no puede comenzar a existir. El final de esta oposición entre el ser y el no-ser, la han percibido los que ven las verdades fundamentales.

Bhagavad-Gita

El alma ni nace ni muere, no comienza a existir un día para desaparecer sin volver jamás a existir. Es eterna, antigua e increada, y no muere cuando el cuerpo muere.

Bhagavad-Gita

Quien ha logrado unir su corazón y su voluntad con lo divino, consigue incluso en este mundo de dualidades hacer indiferentes para él tanto la buena como la mala acción.

Bhagavad-Gita

Es preciso que veas a la divinidad en cada criatura.

Bhagavad Gita

Ejecuta la acción con arreglo a la justicia, sin ligarte a ella, sin atracción ni repulsa, sin interés por el resultado.

Bhagavad-Gita

Los sabios llaman renunciamiento exterior al abandono de las acciones engendradas por el deseo; y llaman renunciamiento interior al abandono del interés por el fruto de las obras.

Bhagavad-Gita

El hombre dueño de su espíritu que sabe que todo lo visible es esencialmente no existente, ni está a la espera de nada, ni evita nada.

Astravakra-Gita

Mi naturaleza más íntima es luz. No soy más que luz. Cuando el mundo está iluminado, soy yo quien lo ilumina.

Astravakra-Gita

Hijo mío, si deseas la liberación, huye como del veneno de los objetos de los sentidos y busca la compasión, la rectitud, la piedad, la alegría y la verdad.

Astravakra-Gita

Yo no soy el cuerpo y el cuerpo no es mío. Yo soy pura inteligencia. Mi única servidumbre era seguir viviendo como una entidad pensante.

Astravakra-Gita

Virtud o vicio, placer o sufrimiento, pertenecen al espíritu y en absoluto a tu Ser real. No eres ni el autor de los actos, ni el que soporta las consecuencias. Verdaderamente eres eternamente libre.

Astravakra-Gita

Todo se resume en esto:

Yo soy el Ser en Sí,

Sin forma e inmanente en todo,

Lo que el tiempo no encadena ni el espacio limita.

Aquello que es, esencialmente, pura serenidad, eso, soy yo.

Eterno, sin partes, infinito,

Asiento del conocimiento.

Ignoro placer y dolor y el sujeto que lo siente,

No considero ni buenos ni malos ninguno de los actos cumplidos por el cuerpo, la palabra o el espíritu.

Soy omnisciente, inmortal y eternamente puro.

Astravakra-Gita

Solo hay una verdad, una existencia, un conocimiento, la conciencia unitaria, pura, invariable, más allá de la materia y el objeto. Este conocimiento es Dios, el Señor del Amor.

Srimad-Bhagavatam

Verdaderamente nacimiento y muerte, y todas las experiencias de la vida, son para el Atman experiencias de un largo sueño. La infelicidad, aunque perteneciente a este mundo de sueños, es una fuente de dolor y no desaparece hasta que no dejemos de dormir, y esto no ocurre mientras la mente esté ocupada con los pensamientos de lo transitorio y manejada por los sentidos.

Srimad-Bhagavatam

El Ser Divino aparece como un espíritu individual a causa de su asociación e identificación con la mente.

Srimad-Bhagavatam

Has de saber que el mundo no tiene nada de real aunque pudiera parecerlo. No es más que vacío, solo una apariencia creada por las fantasías, imágenes y deseos del alma.

Yoga Vasishta Sara

La creencia en un conocedor y en lo conocido es llamada esclavitud. El conocedor es esclavizado por lo conocido; es liberado cuando no hay nada que conocer.

Srimad-Bhagavatam

Quien elige el sí mismo, el sí mismo le revela su intimidad.

Srimad-Bhagavatam

Los sabios comprenden la verdad suprema, en la que no existe distinción entre el conocedor, conocido y conocimiento.

Shankara, *Vivekachudamani*

Toda la existencia, por ser efecto de la realidad de Dios, no puede ser distinta a éste, ya que no puede existir independientemente de él. Quien sostiene lo contrario es presa de la ilusión y habla como si estuviera dormido.

Shankara, *Vivekachudamani*

Al entrar en contacto con los objetos sensoriales, la mente imagina sus cualidades. Cuando su reflexión se hace madura, nace el deseo, y bajo la presión del deseo se esfuerza por poseer el objeto.

Shankara, Vivekachudamani

El insensato confunde el auténtico sol con su imagen reflejada en el agua de un jarro. Así, por efecto de la ilusión, se identifica con el reflejo de la inteligencia pura, situada en las envolturas, y lo considera propia realidad.

El sabio aparta el jarro, el agua y el reflejo, para observar únicamente el sol, que resplandece por sí mismo, y aunque ilumina las tres cosas, permanece al margen de ellas.

Shankara, Vivekachudamani

Liberado de la ilusión de los objetos sensoriales, el sabio habita constantemente en identidad con Dios. Si se le ofrece algo, el gozo que experimenta es aparente, porque no concede ningún valor a este mundo transeúnte, como no se lo daría a una alucinación onírica.

Shankara, Vivekachudamani

De la misma forma que no te consideras la sombra de tu propio cuerpo o tu imagen reflejada en el agua, en los sueños o en tu imaginación, tampoco debes considerarte el cuerpo tosco que llevas contigo.

De considerarte el cuerpo irreal y tosco deriva el sufrimiento del nacimiento. Por eso debes poner fin a esta situación haciendo acopio de todas tus fuerzas. No habrá renacimiento hasta que no se resuelva esta identificación producida por tu mente.

Shankara, Vivekachudamani

Existe una realidad, una entidad absoluta, que es eterno sustrato de la conciencia diferenciada, testigo de los tres estados y distinta de las cinco envolturas. Los tres estados son: vigilia, sueños y sueño profundo.

Más allá de los tres estados hay un "cuarto", llamado el estado de lo no-manifestado.

Las cinco envolturas que ofuscan al testigo son:

Envoltura tosca o cuerpo.

Envoltura pránica o energética.

Envoltura mental.

Envoltura intelectual.

Envoltura de beatitud.

Shankara, Vivekachudamani

Los sabios han dicho que para realizarse hay que practicar cuatro cualificaciones:

La primera es la discriminación entre lo real y lo irreal; la segunda es el despego de los frutos de la acción, tanto en este mundo como en otros; la tercera está formada por el grupo de las seis cualidades, y la cuarta es la aspiración decidida y ardiente a la liberación.

Estas son las seis cualidades:

- La calma de la mente.
- El autodominio.
- El recogimiento interior.
- El coraje moral que acompaña a una idea espiritual (paciencia perseverante).
- La fe.
- Estabilidad mental, firmeza, constancia decidida y resuelta.

Shankara, *Vivekachudamani*

¿Qué es el yo? Es aquel cuya naturaleza propia es Ser, conciencia y bienaventuranza.

¿Qué es el Ser? Es lo que permanece sin pasado, presente ni futuro.

¿Qué es la conciencia? Es la propia naturaleza de percibir.

¿Qué es la bienaventuranza? Es la propia naturaleza de la alegría.

Por ello, el ser humano debe saber que la naturaleza propia de su Yo es Ser, conciencia y bienaventuranza.

Nuestra actitud hacia nosotros mismos debe comprender:

- La limpieza, es decir, mantener limpio y aseado nuestro cuerpo y nuestro entorno.
- El contentamiento, o facultad de sentirse a gusto con lo que posee y lo que no se posee.
- La eliminación de las impurezas que hay en nuestro organismo físico y mental por la práctica de hábitos correctos de sueño, ejercicio, nutrición, trabajo y relajación.
- El estudio y la necesidad de revisar y evaluar nuestros progresos.
- La veneración a una inteligencia superior o aceptación de nuestros límites frente a Dios, el Omnisciente.

Nuestra actitud respecto a lo que nos rodea debe comprender:

- La consideración hacia todos los seres vivos, en particular hacia los inocentes, los que están en apuros o en una situación peor que la nuestra.
- La comunicación correcta por medio del lenguaje, escritos, gestos y acciones.
- El abandono de la codicia o capacidad de resistir al deseo de lo que no nos pertenece.
- La moderación en todos nuestros actos.
- El abandono de la avaricia o capacidad de aceptar solo lo apropiado.

Patañjali, Yoga-Sutra

La causa de las acciones que producen efectos dolorosos es la incapacidad para distinguir lo que es percibido de lo que percibe.

Todo lo que es percibido abarca no solo los objetos externos, sino también la mente y los sentidos.

Comparten tres cualidades: pesadez, actividad y claridad. Ejercen dos tipos de efectos: exponer a lo «que percibe» a sus influencias y procurar los medios para hacer la distinción entre ellos y «lo que percibe».

Lo que percibe no está sometido a ninguna variación, pero percibe siempre por medio de la mente.

La existencia y la apariencia de todos los objetos de percepción son independientes de las necesidades de un «lo que percibe» en concreto. Existen sin referencia individual para poder atender a las diversas necesidades de otros individuos.

Todo lo que es percibido, sea lo que fuere y sea cual sea su efecto sobre un individuo dado, no tiene, en definitiva, más que una finalidad: clarificar la distinción entre el mundo exterior que es visto y el mundo interior que ve.

La falta de claridad en la distinción entre lo que percibe y lo que es percibido se debe al acumulo de comprensión defectuosa.

Cuando la comprensión defectuosa se reduce, la claridad aumenta proporcionalmente. Esta es la vía hacia la libertad.

Patañjali, *Yoga-Sutra*

La mente, que está sujeta a cambio, y «lo que percibe», que no lo está, están próximos, pero son, sin embargo, de carácter distinto y diferenciado.

Cuando la mente es dirigida hacia el exterior y actúa maquinalmente, dirigiéndose hacia los objetos, hay placer o dolor. Sin embargo, cuando en el momento adecuado una persona inicia una indagación sobre la naturaleza misma del vínculo entre «lo que percibe» y la percepción, la mente es desconectada de los objetos externos y aparece la comprensión de «lo que percibe».

Patañjali, *Yoga-Sutra*

En el más alto grado de conocimiento hay ausencia total de aspiración a contentar los sentidos o a vivir experiencias extraordinarias.

Patañjali, *Yoga-Sutra*

Es imposible ponerse de pie ante uno mismo. Él erradica toda posibilidad de ser objeto de adoración.

Jñanadeva, *Amritanubhava*

Ofrezco mi devoción a Dios y a la Diosa, ilimitados progenitores del universo, su hijo. El Amante, impulsado por el infinito amor a sí mismo, se convierte en su amada. Ambos comparten la misma naturaleza y poder. En su éxtasis de amor, se devoran y se funden en uno, para de nuevo separarse por el placer de ser dos.

Jñanadeva, *Amritanubhava*

En verdad existe una triada: el nombre, la forma y la acción.

Del hombre que es el verbo surgen los demás nombres.

De la forma que es el ojo surgen todas las formas.

De la acción que es el cuerpo surgen todas las acciones.

Esta triada es Uno, un solo ser que, siendo uno, es una triada.

Es inmortal y contiene la Verdad.

Upanishads

BUDISMO

El dolor es inevitable, pero el sufrimiento es opcional.

Buda

Todo lo que somos es fruto de lo que pensamos.

Buda

La verdad es aquello que produce resultados.

Buda

Toda una enseñanza es como una balsa: hecha para hacer una travesía, pero a la que no hay que atarse.

Buda

El que ha trascendido tanto el mérito como el demérito, que sigue la noble vida pura y vive con comprensión en este mundo, a ese verdaderamente se le denomina monje.

Buda, *Dhammapada*

Uno debe refrenar la mala conducta del cuerpo y controlarlo. Abandonado la mala conducta del cuerpo, uno debe adiestrarse en su buena conducta.

Uno debe refrenar la mala conducta del habla y controlarla. Abandonado la mala conducta del habla, una debe adiestrarse en su buena conducta.

Uno debe refrenar la mala conducta de la mente y controlarla. Abandonando la mala conducta de la mente, uno debe adiestrarse en su buena conducta.

Los sabios se controlan en actos, en palabras y en pensamientos. Verdaderamente se controlan bien.

Buda, Dhammapada

Ni en los cielos ni en medio del océano, ni en una gruta en las montañas se halla un lugar donde uno pueda permanecer a salvo de las consecuencias de sus malos actos.

Ni en los cielos ni en medio del océano, ni en una gruta en las montañas se halla un lugar donde uno pueda permanecer a salvo de la muerte.

Buda, Dhammapada

Si uno percibe el mundo como una burbuja de espuma y como un espejismo, a ese no le ve el dios de la muerte.

Buda, Dhammapada

Si un hombre obra mal, que no lo haga una y otra vez, que no se recree en ello. Dolorosa es la acumulación del mal.

Buda, *Dhammapada*

No reprochar, no hacer ningún daño, practicar la moderación según los preceptos fundamentales, ser moderado en la alimentación, residir en la soledad, aplicarse uno mismo a la concentración mental elevada, tal es la enseñanza de los Budas.

Buda, *Dhammapada*

La paciencia y la tolerancia son la más alta ascesis.

Buda, *Dhammapada*

He aquí, monjes, las cuatro Nobles Verdades:

- La noble verdad del sufrimiento.
- La noble verdad del origen del sufrimiento que tiene su causa en el deseo.
- La noble verdad de que puede cesar el sufrimiento, pues el deseo puede ser superado.
- La noble verdad de que existe un sendero que conduce a la cesación del sufrimiento. Este es el noble sendero óctuple que comporta:

— Recta comprensión.

— Recto pensamiento.

— Recta palabra.

— Recta acción.

— Recta forma de vida.

— Recto esfuerzo.

— Recta atención.

— Recta concentración.

He aquí, monjes, los cinco obstáculos:

- He aquí monjes, que cuando el apetito sensual está presente en él, el monje lo sabe.
- Cuando la ira está presente en él, el monje lo sabe.
- Cuando hay pereza y sopor en él, el monje lo sabe.
- Cuando hay desasosiego y ansiedad en él, el monje lo sabe.
- Cuando hay duda en él, el monje lo sabe.

Asimismo, un monje conoce los cinco agregados del apego:

El monje sabe: así es la forma material, así surge la forma material; así es la sensación, así surge la sensación; así es la percepción, así surge la percepción; así son las formaciones mentales, así surgen las formaciones mentales; así es la conciencia, así surge la consciencia.

He aquí monjes, que un monje conoce los siete factores de la iluminación:

- He aquí que cuando la atención está presente en él, el monje lo sabe.

- Cuando la investigación de los objetos mentales está presente en él, el monje lo sabe.
- Cuando la energía está presente en él, el monje lo sabe.
- Cuando la calma está presente en él, el monje lo sabe.
- Cuando la concentración está presente en él, el monje lo sabe.
- Cuando la ecuanimidad está presente en él, el monje lo sabe.

Sutra de la Atención

Las diez principales ataduras son:

- La creencia en un yo.
- El escepticismo.
- El apego a reglas y rituales.
- La sensualidad.
- La malevolencia.
- Deseo de existencia en la materia sutil.
- Deseo de existencia inmaterial.
- El engreimiento.
- El desasosiego.
- La ignorancia.

La Ley del Origen Dependiente es:

- La ignorancia.
- Dependiendo de la ignorancia, surgen las acciones intencionadas.

- Dependiendo de las acciones intencionadas, surge la consciencia.
- Dependiendo de la consciencia, surgen los fenómenos físicos y mentales.
- Dependiendo de los fenómenos físicos y mentales, surgen los sentidos.
- Dependiendo de los sentidos, surge el contacto.
- Dependiendo del contacto, surge la sensación.
- Dependiendo de la sensación, surge el deseo.
- Dependiendo del deseo, surge el apego.
- Dependiendo del apego, surge el proceso de llegar a ser.
- Dependiendo del proceso de llegar a ser, surge el nacimiento.
- Dependiendo del nacimiento, surge el dolor y la muerte.

Sutra Pitaka

―――――――――――――――――

La forma es vacía; la vacuidad es forma. La vacuidad no es otra que la forma; la forma a su vez no es otra que la vacuidad. Asimismo, la sensación, el discernimiento, los factores producidos y la consciencia son vacíos.

Sutra del Corazón

En realidad, todas las cosas son innombrables, vacías y puras. Los que así las ven pueden ser llamados iluminados.

Nagarjuna

Que la mente no piense en el pasado, no piense en el futuro. No piense que no está pensando. No consideres el Vacío como si fuese la nada. No analices las impresiones de los sentidos. Manténla tan calma como un niño que duerme: ese es su estado natural.

Tilopa, Epítome del Gran Símbolo

Efímero es este mundo; no tiene sustancia alguna; es igual que las sombras y que los sueños. Renuncia a él, abandona tus vínculos y zanja tus ataduras de avidez y aversión.

Tilopa, Epítome del Gran Símbolo

Solo el que bebe el agua, sabe si Esta está fría o caliente.

Proverbio del Budismo Chan

Todas las ocupaciones terrenales tienen un final único e inevitable, que es la aflicción. La adquisición termina en pérdida; la construcción, en destrucción; la reunión, en separación; los nacimientos, en muertes.

Sabiendo esto, debemos renunciar a la adquisición y acumulación, a la construcción y a la reunión; y dedicarnos fielmente a la comprensión de la verdad.

Milarepa

Una vez que se ve la Esencia de la mente cesa toda distinción. Se forman en el espacio los contornos de las cosas y sus matices de color, pero no con el blanco y el negro. De la Esencia de la mente surgen todas las cosas, pero esa Esencia no se mancha ni con los vicios ni con las virtudes.

Tilopa

Una sola naturaleza contiene todas las naturalezas.

Una sola existencia incluye todas las existencias.

Una sola luna se refleja en todas las aguas,

Todos los reflejos de la luna en el agua

provienen de una sola luna.

Yoka , *Shodoka*

He acumulado conocimiento,
he estudiado los textos y sus comentarios.
He reflexionado sobre los nombres y las formas
pero no he conocido el reposo en estos estudios
ya que esto es seguramente tan vano como querer entrar
en el océano para allí contar los granos de arena, ya que,
a fin de cuentas, ¿qué utilidad puede aportarme el tesoro
de los demás?

Yoka , Shodoka

No busques el camino lejos, el camino siempre está a tus
pies.

Tung Chan

Todas las manifestaciones y sensaciones se identifican
con la esencia mental. Así como no existe diferencia entre el mar y sus olas, no existe diferencia entre el Buda y
los seres sensibles.

Hui Neng

Confrontar lo que te gusta con lo que te disgusta: esa es
la enfermedad de la mente.

Seng Tsan

El camino perfecto solo es difícil para los que escogen y eligen.

Seng Tsan

Si haces la más mínima distinción entre el cielo y la tierra, estos estarán infinitamente separados.

Seng Tsan

Si deseas ver la verdad de algo, no mantengas ninguna opinión ni a favor ni en contra de nada.

Seng Tsan

Cuando intentas parar la actividad para conseguir pasividad, este esfuerzo te llenará de actividad.

Seng Tsan

Negar la realidad de las cosas es no entender su realidad. Afirmar el vacío de las cosas es no entender su realidad.

Seng Tsan

Cuanto más hablas o piensas sobre algo, más te alejas de la verdad. Para de hablar y de pensar, y no habrá nada que no seas capaz de conocer.

Seng Tsan

Buscar la mente con la mente es el más grande de los errores.

Seng Tsan

Si la mente no discrimina, las diez mil cosas del mundo son como son: simple esencia. Para entender el misterio de esta Esencia Única has de estar liberado de la confusión.

Seng Tsan

Vacío aquí, vacío allá; pero el universo finito se encuentra siempre delante de tus ojos. Infinitamente grande e infinitamente pequeño; no hay diferencia ya que las definiciones han desaparecido y no se ven los límites. Lo mismo con Ser o no Ser. No pierdas el tiempo con dudas ni argumentos. No tienen nada que ver con esto.

Seng Tsan

Esta Mente Pura, fuente de todo, brilla para siempre y sobre todo con el brillo de su propia perfección. Pero los hombres del mundo no están despiertos viendo solo lo que ven, oyen, sienten y conocen como mente. Cegados por su propia vista, oídos, sentidos y conocimientos, no perciben el brillo espiritual de la fuente-sustancia. Si solamente eliminaran todo pensamiento conceptual durante un instante, la fuente-sustancia se manifestará a Sí misma como el sol que asciende iluminándolo todo.

Huang Po

La iluminación se parece a encontrarte de improviso a tu padre después de estar muchos años fuera de casa. En cuanto lo ves lo reconoces de inmediato.

Foyan

El bien y el mal se originan en nuestra propia mente. Pero ¿qué es tu mente sino tus acciones y tus pensamientos? Por cierto, ¿de donde procede tu mente?

Dahui

Debéis ser auténticos en todo. Nada que sea auténtico en el mundo deja de ser auténtico en el budismo, y nada que no sea auténtico en el budismo es auténtico en el mundo.

Tenkei

Ved con vuestros ojos, escuchad con vuestros oídos. Nada en el mundo está escondido, ¿qué me haríais decir?

Tenkei

Si quieres alcanzar la maestría de todas las verdades y ser independiente de todos los acontecimientos, no hay nada mejor que la concentración en actividad. Es por esto por lo que se dice que los estudiantes de misticismo que trabajan sobre la Vía deberían instalarse en el mundo material.

Man-An

El budismo no consiste en utilizar tu intelecto discursivo para gobernar el cuerpo. Consiste en utilizar exclusivamente el momento inmediato presente, en no malgastarlo, sin pensar en el pasado o en el futuro.

Shosan

Éstos son los ocho satoris* del gran hombre:

- Pocos deseos.
- Comprender lo suficiente.
- El esfuerzo correcto.
- No vivir de ilusiones.
- Permanecer en el dharma**.
- Practicar la sabiduría.
- No discusión.
- La alegría tranquila.

Dogen

La verdad es perfecta y completa en sí misma. No es algo recién descubierto: siempre ha existido, la verdad no está lejos, está siempre presente. No es algo que ha sido alanzado y sin embargo ninguno de tus pasos te conducirá lejos de ella.

Dogen

El Buda es liberador únicamente a causa de las penas del mundo.
Si no existen penas, ¿de qué es liberador?

Sengai

---

*Se refiere a los factores de iluminación.

**La Ley superior, el deber. También se aplica a la enseñanza budista.

Si te despegas de los pensamientos, no hay confusión, así no hay causa ni efecto. No habiendo causa ni efecto, no existe el dar vueltas en torno a rutinas. Mientras tengas pensamientos, cuando cultivas buenos pensamientos se producen buenas causas y buenos efectos, y cuando haces el mal se producen malas causas y malos efectos. Cuando te has desapegado del pensamiento y te has armonizado con el conocimiento sutil, no existen causas ni efectos, nacimientos ni muerte.

Bankei

Todos los seres son Budas desde el principio mismo.

Es como el agua y el hielo.

Si apartas el agua, no hay hielo.

Fuera de los seres vivos no hay Budas.

Sin saber que está cerca, lo buscas lejos. ¡Qué lástima!

Es como el que está dentro del agua y se queja de sed.

Hakuin, *Canción de la meditación*

No mates, y la vida será suficiente;

No robes, y los bienes serán abundantes.

Gisan

TAOÍSMO-CONFUCIONISMO

El Tao nunca lleva a cabo ninguna acción, pero no deja nada por hacer.

Lao Tse, *Tao Te king*

Practica el no-hacer.

Esfuérzate por el no-esfuerzo.

Saborea lo que no tiene sabor.

Ensalza lo humilde.

Multiplica lo poco.

Recompensa la injuria con bondad.

Corta el problema en su brote.

Siembre lo grande en lo pequeño.

Las cosas difíciles del mundo solo pueden abordarse cuando son fáciles.

Las cosas grandes del mundo solo pueden realizarse prestando atención a sus comienzos pequeños.

Así pues, el sabio nunca tiene que luchar a brazo partido con grandes cosas, aunque ¡solo él es capaz de realizarlas!

Quien promete a la ligera no es fiable.

Quien piensa que todo es fácil acabará encontrando todo difícil.

Por ello, el sabio, al considerar difícil cada cosa, no encuentra dificultades al final.

Lao Tse, *Tao Te King*

Cuando se pierde el Tao*, se recurre a la virtud.

Cuando se pierde la virtud, se recurre a la compasión.

Cuando se pierde la compasión, se recurre a la moral.

Cuando se pierde la moral, se recurre al ritual.

Ahora bien, el ritual es solo la apariencia de la fe y de la lealtad; es el principio de toda la confusión y del desorden.

Por ello, el ser realizado pone su corazón en la sustancia más que en la apariencia; en el fruto más que en la flor.

Sinceramente, prefiere lo que está dentro a lo que esta fuera.

Lao Tse, *Tao Te King.*

---

*Una traducción aproximada de la palabra Tao sería el de vía o camino, aunque su significación es mucho más amplia. Abarca conceptos como lo Real, el Principio Único, e incluso el proceso de un fluir armonioso sin principio ni fin. No se ha utilizado el término Dios ya que el contenido habitual de este concepto tiene diferencias sustanciales respecto al Tao.

El Tao les da la vida, la virtud las sustenta, la materia les da forma, el entorno las perfecciona.

Por ello, todas las cosas sin excepción veneran el Tao y rinden homenaje a la Virtud.

Nadie les ha ordenado venerar el Tao y rendir homenaje a la Virtud, pero siempre lo hacen de manera espontánea.

Lao Tse, *Tao Te King*

Pero, ¿qué es el Tao?

Es algo esquivo e impreciso.

¡Esquivo e impreciso!, pero contiene en su interior una Forma.

¡Esquivo e impreciso!, pero contiene en su interior una Sustancia.

¡Sombrío y oscuro!, pero contiene en su interior una Semilla de Vitalidad.

La Semilla de la Vitalidad es muy real; contiene en su interior una Sinceridad inagotable.

A través de los tiempos, su nombre ha sido preservado para recordar el Origen de todas las cosas.

¿Cómo conozco la naturaleza de todas las cosas en su Origen?

Por lo que está en mi interior.

Lao Tse, *Tao Te King*

Aprender consiste en acumular conocimiento día a día; la práctica del Tao consiste en reducirlo día a día.

Sigue reduciendo y reduciendo hasta alcanzar el estado de no-hacer.

No hagas, y, sin embargo, nada queda sin hacer.

Lao Tse, *Tao Te King*

El hombre noble se siente avergonzado cuando sus palabras exceden a sus obras.

Lao Tse

El camino humano consiste en conservar completa la esencia, preservar la realidad y no dañar al cuerpo; después, en situaciones de emergencia, cuando se es presionado por la dificultad, la pureza alcanza el cielo. Si nunca se abandona la fuente, ¿qué acción no podría tener éxito?

Wen tzu

Las palabras elevadas se utilizan con bajos fines, las pequeñas palabras se utilizan con fines elevados. Las grandes palabras son de uso corriente, las pequeñas palabras tienen una utilización estratégica.

Solo los sabios pueden conocer la estrategia con eficacia, así sus palaras se revelan verdaderas y sus expectativas demuestran ser exactas.

Wen tzu

El cuerpo es la morada de la vida, la energía su fundamento, el espíritu su controlador; si se pierde su respectiva posición, los tres son perjudicados. Por ello, cuando el espíritu es el que conduce, el cuerpo le sigue, produciéndose resultados beneficiosos; cuando el cuerpo es el que conduce, el espíritu le sigue, produciéndose resultados dañinos.

Wen tzu

Quienes decoran su exterior se dañan a sí mismos internamente. Quienes alimentan sus sentimientos hieren su espíritu. Quienes muestran su embellecimiento ocultan su realidad.

Quienes nunca olvidan ser agudos, ni siquiera por un segundo, sobrecargan inevitablemente su naturaleza esencial. Quienes nunca olvidan adoptar apariencias, ni siquiera durante un paseo de cien pasos, inevitablemente sobrecargan sus cuerpos físicos.

Wen tzu

¿Para que sirve pasar tu vida acumulando cosas materiales?

Esto no es seguir el Tao.

¿Qué beneficio hay en adoptar tu conducta a las convenciones de alguien?

Esto viola tu naturaleza t disipa tu energía.

¿Por qué separar tu vida espiritual y tu vida ordinaria?

Para ser un integral no existe esta distinción.

Vive simple y virtuosamente, siendo autentico con tu naturaleza, sin trazar una línea entre lo que es espiritual y lo que no.

Ignora el tiempo.

Abandona ideas y conceptos.

Acepta de corazón la Unidad.

Este es el camino integral.

Hua Hu Ching

La suprema virtud que se puede ejercer es aceptar la responsabilidad de descubrir y transmitir la verdad total.

Algunos ayudan a los demás para recibir recompensar y admiración.

Esto carece simplemente de sentido.

Algunos se cultivan a sí mismos, en parte para servir a los demás, y en parte, para servir a su propio orgullo.

En el mejor de los casos, entenderán la mitad de la verdad.

Pero a aquellos que se mejoran a sí mismos por el mundo, a esos les será revelada toda la verdad del universo.

Así pues, busca esa verdad total, practícala en tu vida cotidiana y compártela humildemente con los demás.

Así entrarás en el reino de lo divino.

Hua Hu Ching

Quienes quieran conocer la verdad del universo, deben practicar las cuatro virtudes cardinales:

La primera es la reverencia por toda vida; esta se manifiesta como amor incondicional y respeto por uno mismo y por todos los demás seres.

La segunda es la sinceridad natural; esta se manifiesta como honradez, consideración por los demás y sensibilidad hacia la verdad espiritual.

La tercera es la mansedumbre; esta se manifiesta como bondad, consideración por los demás y sensibilidad hacia la verdad espiritual.

La cuarta es la actitud de ayuda; esta se manifiesta como servicio a los demás sin expectativa de recompensa.

Las cuatro virtudes no constituyen un dogma externo, sino que forman parte de tu naturaleza original.

Cuando se pracican, originan la sabiduría y evocan las cinco bendiciones: salud, riqueza, felicidad, longevidad y paz.

Hua Hu Ching

Son merecedores de desprecio los que consideran su astucia como sabiduría; los que consideran su insolencia como valentía, así como los que censuran a los demás y ven en ello la prueba de su sinceridad.

Tse-Kong

El hombre que considera importante a la riqueza es incapaz de renunciar a sus ganancias. El hombre que considera importante a su dignidad encuentra que no puede renunciar a la fama. El hombre que ama el poder no puede renunciar a su autoridad sobre los demás. Sosteniendo estas cosas, los hombres crecen temerosos y se lamentan cuando tienen que renunciar. Nunca hacen una pausa para reflexionar las razones de su poca fortuna. Así el cielo los destruye.

Chuang-Tse

Tú, estableces distinciones entre benevolencia y justicia, examinas sus límites de similitud y diferencia, observas las alteraciones de movimiento y quietud, aplicas reglas para el dar y el recibir, mides las emociones de gusto y disgusto, regulas los periodos de gozo y enfado; y así, apenas te librarás de ser dañado. Si eres diligente en cultivar tu persona, cuidadoso en aferrar tu espiritualidad, dando las cosas externas a los otros, podrás, entonces, permanecer sin preocupaciones. Descuidar el cultivo de uno mismo, así como buscar las cosas de los demás, ¿no es algo superficial?

Chuang-Tse

Eso que causa que las cosas son cosas no es en sí mismo una cosa. El límite de cada cosa es llamado su frontera. Lo ilimitado subyace dentro de lo limitado, y a pesar de ser reconocido dentro de lo limitado es, sin embargo, ilimitado. Hablamos de plenitud y de vacuidad, de agotamiento y decaimiento, pero el Tao mismo no está lleno ni vacío. Es el Tao lo que causa que las cosas se agoten y decaigan, pero no es en sí mismo agotado ni decaído. Es el Tao el que hace que las cosas comiencen y acaben, pero en sí mismo no tiene comienzo ni fin. Es el Tao el que causa que las cosas se acumulen o dispersen, pero en sí mismo ni se acumula ni se dispersa.

Chuang-Tse

La verdadera alegría y felicidad perfectas solo pueden encontrarse en la no-acción.

Chuang-Tse

El Tao tiene sus leyes y sus evidencias.

Está más allá de la acción y sus formas.

Puede transmitirse pero no ser recibido.

Puede ser obtenido pero no ser visto.

Existe antes que el Cielo y la Tierra.

Tiene su propia raíz y la de todos los tiempos.

Engendra todo lo que existe;

Dios y seres.

Chuang-Tse

El sabio observa la naturaleza, pero no lo asiste. Emanado del Tao no idea planes. Estando en armonía con su benevolencia no presume de esta. Discierne la justicia, pero no la provoca. Está de acuerdo con las formas exteriores y no evita adaptarse. Toma los asuntos en su mano y no se excusa. Ordena las cosas según la ley y no siembra la confusión. Dependiendo de las cosas no las toma en serio. Confía en los objetos materiales y, por tanto, no los descarta. Al considerar todas las cosas, si no son aptas para él, decide no usarlas.

Chuang-Tse

Aquello que conduce a los vivos al nacimiento nunca muere. Aquello que transforma todas las cosas no está en sí mismo sujeto al cambio. Antes que un hombre nazca se hace con el principio del cambio. Muerte y vida son una misma cosa, y a la muerte un hombre retorna a la fuente de todas las cosas.

Huainan-Tse

La razón por la que los hombres no logran la inmortalidad es porque destruyen dentro de si aquello que es invisible y malgastan hasta agotarlo aquello que es inmaterial. Así, son incapaces de conseguir que su cuerpo material se una al Real. He aquí por qué mueren.

Tung Ku Chang

Estas son las malas acciones:

· Ir en contra de la virtud y de la generosidad.

No ser razonable.

Utilizar malas intenciones para guiar tus acciones.

Ser cruel y destructivo.

Aprovecharte de las personas bondadosas.

Acusar injustamente al inocente.

Hablar mal de tus compañeros de trabajo.

Ser falso.

Mentir en tus relaciones.

Ser agresivo y resentido, y violento.

Apoderarte de las cosas cada vez que se te antojan.

No distinguir el bien del mal.

Hablar a espaldas de la gente.

Ser desagradecido frente a la ayuda de los demás.

Albergar conflictos y resquemores.

Herir y matar.

Mirar por encima del hombro a personas desafortunadas.

Recompensar a las personas no virtuosas.

Criticar a los demás para lograr un puesto.

Admitir sobornos.

Hacer que parezca injusto lo que es correcto.

Hacer pesado aquello que es ligero (aumentar la gravedad de las situaciones).

Saber lo que es injusto y negarse a corregirlo.

Saber lo que es compasivo y no hacerlo.

Hacer que las propias malas obras conduzcan a otros al delito.

Desear que otras personas cometan malas acciones.

Destruir el éxito de los demás.

Dejar a los demás expuestos al peligro para salvarse uno mismo.

Librarse de los demás para beneficiarse a sí mismo.

Dejar que el mal reemplace al bien.

Permitir que los asuntos privados dominen los asuntos públicos.

Apoderarse de las habilidades de los demás.

Arruinar sus buenas obras

Exponer las faltas de los demás para ponerlos en aprietos.

Robar los bienes personales de otros.

Incitar a un delito o colaborar en él.

Exhibir y utilizar tu poder de forma inmoral.

Insultar a las personas y ser competitivos.

Romper matrimonios y familias.

Enorgullecerte de tus riquezas.

Perder tu sentido de la vergüenza.

Acusar falsamente a otras pesonas de delitos.

Comprar honores con riquezas.

Ocultar intenciones poco éticas.

Rebajar los méritos de los demás.

Exagerar tus propios pequeños logros.

Utilizar tu poder para acusar en falso a otras personas.

Defraudar a los demás.

Apoderarte de las propiedades y de los bienes de familias que padecen desgracias.

Ser malvado e injusto con los hijos.

Desear la ruina de las personas con éxito.

Revelar las faltas de los demás cuando todavía están en medio del infortunio.

Halagar a las personas inteligentes.

Odiar.

Ser rudo con los subordinados.

Amenazar a los débiles.

Complacerse en discusiones y luchas.

Olvidar a los viejos amigos cuando has hecho nuevas amistades.

Decir una cosa y pensar en lo contrario.

Codiciar riquezas.

Difundir rumores y mentiras.

Ayudar a las partes culpables.

Ir contra la armonía y el flujo de las cosas.

Afirmar que los dioses te ayuden en tus acciones inmorales.

No devolver lo que tomaste prestado.

Pedir mucho más de lo que es justo.

Dar rienda suelta a los deseos sexuales desmesurados.

Exhibir compansión externamente y abrigar pensamientos malvados,

Arruinar el modo de vida de los demás.

Extraviar a la gente con falsas enseñanzas.

Prosperar mediante tratos inmorales.

Ser cruel con las personas que son bondadosas.

Ridiculizar a las personas discapacitadas.

Iniciar reyertas.

Luchar contra tus hermanos.

Ser un hijo desagradecido y mentiroso.

No respetar a tu esposa.

Complacerte en fanfarronear.

Ser celoso.

Tratado de la respuesta del Tao.

El cambio se revela verdadero el día que llega a su fin.

I Ching

Cuando la espera es sincera, tiene un éxito magnifico.

I Ching

Siendo tolerante, lo pequeño tiene éxito.

I Ching

La inflexibilidad es funesta. Demasiada ambición, peligrosa.

I Ching

Trabaja sobre ti mismo y toma responsabilidad de tu propio progreso.

I Ching

Sufrir una ofensa no es nada a no ser que nos empeñemos en recordarla.

Confucio

Las mejores personas alimentan lo bueno en los demás, no lo malo. Las peores personas alimentan lo malo en los demás, no lo bueno.

Confucio

Pierdes personas si no hablas con aquellos que merece la pena hablar; pierdes palabras si hablas con aquellos con los que no merece la pena hablar. El sabio no pierde ni personas ni palabras.

Confucio

Cuando todo el mundo habla mal de algo, examínalo. Cuando todo el mundo habla bien de algo, examínalo.

Confucio

El sabio se guarda de cuatro cosas: no deja nunca que la conclusión ocupe el lugar de la reflexión; no actúa arbitrariamente; no decide impulsivamente; no se muestra ni obstinado ni egoísta.

Confucio

El hombre noble no es recipiente de nada ni herramienta de nadie.

Confucio

Se llama error a cometer una equivocación y no corregirla.

Confucio

Evita hacia las personas tanto el rechazo como el apego, y trata a todo el mundo con justicia.

Confucio

Las personas de espíritu superior entienden la justicia. Las personas ordinarias solo entienden el beneficio.

Confucio

A los hombres nobles les llaman la atención las virtudes de los otros y no le llaman la atención sus defectos. A los hombres viles les sucede justo lo contrario.

Confucio

Cuando los que hacen obras de calidad y las hacen sin sentimiento de autosatisfacción y sin pensamientos de recompensa, incluso una pequeña donación es grande. Cuando los que ayuden a los demás calculan su propio sacrificio y piden gratitud y recompensa, incluso una gran donación es pequeña.

Huanchu Daoren, *Retorno a los orígenes*

Intenta pensar en lo que eras antes de nacer y también en lo que serás después de morir. Entonces, infinidad de pensamientos se calman, dejando serena toda tu esencia; de esta forma, serás capaz de transcender las cosas de manera espontánea y de vivir en un estado anterior a que las cosas tomaran forma.

Huanchu Daoren, *Retorno a los orígenes*

Quienes son utilizados por las cosas odian los acontecimientos vayan en su contra y adoran que vayan a su favor; así, la cosa más insignificante puede crear ataduras.

Huanchu Daoren, *Retorno a los orígenes*

No se debe tener la intención de dañar a los demás, pero hay que poseer la conciencia de evitar ser dañado por los demás. Esta es una advertencia contra la falta de atención.

Huanchu Daoren, *Retorno a los orígenes*

Si temes que la gente sepa que has hecho algo malo, hay algo bueno en lo malo. Si estás ansioso porque la gente sepa que has hecho algo bueno, entonces hay algo malo en lo bueno.

Huanchu Daoren, Retorno a los orígenes

No te preocupes de lo que te ofende; no establezcas un lazo con lo que te agrada. No cuentes con un estado de bienestar prolongado; no te retires por miedo a la primera dificultad.

Huanchu Daoren, Retorno a los orígenes

Las personas que son compulsivamente activas son inestables, mientras que las adictas a la quietud son indiferentes. Se debe tener un espíritu vivo en medio de la tranquilidad; esta es la manera de ser de las personas iluminadas.

Huanchu Daoren, Retorno a los orígenes

No seas muy severo en criticar los defectos de la gente; considera hasta qué punto pueden aguantar. No seas demasiado altanero al disfrutar de la virtud, de manera que lo demás puedan practicarla.

Huanchu Daoren, Retorno a los orígenes

En la unidad se encuentra el origen de la fuerza vital. Su movimiento produce el propósito, cuya envoltura es el caos. Pero cuando el caos se abre, los cuatros elementos se mezclan y todas las cosas son producidas.

Ho-Kuan-Tse

_____

En la tranquilidad los pensamientos son claros como el agua y se puede ver la verdadera esencia del corazón.

En los momentos de ocio, el espíritu no está apresurado y se pueden ver las verdaderas intenciones del corazón.

En una vida sencilla, la actitud es modesta y moderada y se puede sentir la verdadera virtud del corazón.

Para examinar el corazón, nada hay como estas tres cosas.

Cultivando las raíces de la sabiduría

JUDAÍSMO

No vemos las cosas tal como son, sino tal como somos.

El Talmud

El milagro no basta para probar una verdad.

El Talmud

El orgullo es siempre una máscara que esconde otros muchos defectos.

El Talmud

¿Quién es rico? Solo el que es feliz con lo que tiene.

El Talmud

El tonto no sabe abstenerse del pecado.
Quien es inculto no es piadoso.
Quien es tímido no aprende.
Quien es violento no enseña
Quien comercia no es sabio.

El Talmud

Feliz quien muere como nace: en la pureza de la inocencia.

El Talmud

Pueden estar cerradas en el cielo las puertas para la súplica; pero para el llanto sincero nunca están cerradas.

El Talmud

No hay infierno, pero del mismo impío nace un fuego que lo abrasa y martiriza.

El Talmud

Cada palabra de Dios crea un ángel, que cuando descienden a la tierra son rayos y viento, pero ante el trono celeste son todo fuego.

El Talmud

¿Qué provecho saca el que se afana en aquello que hace? Yo he visto el trabajo que Dios ha dado a los hijos de los hombres para que ellos se ocupen. Todo lo hace Él apropiado a su tiempo, y ha puesto además en su corazón la idea de perduración, sin que pueda el hombre descubrir la obra de Dios desde el principio hasta el fin.

Eclesiastés

Contempla la obra de Dios, porque ¿quién podrá enderezar lo que Él torció? En el día del bien, goza del bien, y en el día del mal reflexiona que lo uno y lo otro lo ha dispuesto Dios de modo que el hombre nada sepa de lo por venir.

Eclesiastés

Vanos son por naturaleza todos los hombres en quienes hay desconocimiento de Dios y que, a partir de las obras visibles, son incapaces de ver lo que es.

Libro de la Sabiduría

Pensad rectamente del Señor y buscadle con sencillez de corazón. Porque se deja hallar por los que no le tientan, y se manifiesta a los que no le son incrédulos.

Libro de la Sabiduría

Es recomendable el silencio para los sabios, y mucho más para los tontos.

Proverbios

Él creo una realidad a partir de la nada, llevó la no-entidad a la existencia y esculpió, como si dijéramos, colosales pilares a partir del aire intangible y hablando creó toda criatura y toda palabra por medio de un solo nombre.

Sefer Yetzirah

El espíritu del Dios viviente, alabado y glorificado sea el nombre de Aquel que vive para toda la eternidad. La palabra articulada del poder creativo, el espíritu y la palabra son lo que llamamos el Espíritu Santo.

Sefer Yetzirah

Quien desee penetrar en el misterio de la Santa Unidad debe contemplar la llama que sale de un carbón o de una vela encendidos. La llama solo puede salir de un cuerpo concreto. Además, en la llama misma hay dos luces: una blanca o luminosa y otra negra o azul. La luz blanca es la más elevada, la luz negra está debajo de la otra que descansa sobre ella. Ambas están inseparablemente ligadas. La luz negra base está, a su vez, ligada a algo que la mantiene en llama y la impele a la luz blanca. Esa luz negra es un vínculo de conexión entre la luz blanca de arriba a la que está ligada, y el cuerpo concreto a la que está ligada abajo y lo mantiene iluminado.

Sefer ha Zohar

En el comienzo, cuando el Rey hizo un trazo en el fulgor más alto, una luz centelleó y allí surgió de los abismos impenetrables del misterio ilimitado un núcleo informe, en el interior de un anillo, ni blanco, ni negro, ni rojo, ni verde, ni de color alguno. Después, cuando de la llama brotó un ligero efluvio, se moldearon las formas, los volúmenes, las dimensiones y comenzaron a brillar los colores intensos.

El poder más misterioso oculto en lo ilimitado, sin alterar su vacío, permaneció totalmente incognoscible hasta que, de su propio empuje, asomó el brillo de un punto supremo y secreto.

Más allá de este punto nada es cognoscible y por eso, se le nombra como el Comienzo, la manifestación creadora y origen de todo.

Sefer ha Zohar

El alma es la sustancia más baja, la que sostiene y alimenta el cuerpo estando íntimamente vinculada a él. Cuando esta se estima en su medida, se convierte en el trono donde se asienta el espíritu inferior, tal y como está escrito: «Hasta que sea derramado el espíritu desde lo alto». Cuando ambos están preparados, pueden recibir el espíritu superior, al que el espíritu inferior le sirve de trono, y al que nadie puede descubrir porque es el incognoscible. De este modo hay un trono sobre un trono, y un trono para el más elevado. Cuando percibimos estos estados, llegamos a la sabiduría superior, y es a través de esta cómo los misterios se conectan entre sí.

Sefer ha Zohar

Todas las potencias divinas están formadas por una sucesión de distintos planos con una semejanza a un árbol.

Sefer ha Zohar

El hombre elige su destino, y su destino es elegir.

Midrash

Dios creó al hombre con parte de ángeles y parte de animales, porque si lo hubiese creado solo de ángeles sería inmortal. Si lo hubiese creado solo de animales, nunca llegaría a vivir como un hombre. Hizo una síntesis, así puede vivir como hombre o morir como animal.

Midrash

Si yo no soy para mí, ¿quién será para mí? Si yo no me ayudo, ¿quién me ayudará?, y si no es ahora, ¿cúando?

Midrash

Acuérdate de estas tres cosas y no errarás: recuerda tu origen, reflexiona sobre tu fin y piensa en el juez ante quien deberás dar cuenta de tus acciones.

Midrash

Siete virtudes sustentan el trono de la Gloria: sabiduría, justicia, rectitud, amabilidad, compasión, verdad y paz.

Midrash

El amor no se manifiesta por el sentimiento, sino por la acción. Si haces, amas. Si no haces, no amas.

Midrash

El comienzo de la sabiduría, y el inicio de la inteligencia,

es la mano excelsa de Dios, creador de las criaturas,

primero en el principio y final de todo término,

por encima de cualquier alabanza, humilla y ensalza.

Su morada fijar no se puede,

¿cómo asemejarle al morar de lo creado?

Exiguo es el saber, no alcanza a definir a Dios,

es estrecha una mente como el océano,

mentira el pensamiento.

Ibn Gabirol

Te busco en todas mis auroras y crepúsculos,

extiendo hacia ti mis manos y mi faz.

Hacia ti clamo con el corazón sediento,

como el mendigo que pide junto a mi puerta y mi umbral.

Las alturas no pueden servirte de morada,

Tú resides dentro de mí.

Yo, en verdad, escondo en mi corazón tu glorioso nombre,

mientras mi amor por Ti rebosa hasta traspasar mi boca.

Por eso ensalzaré yo el nombre del Señor,

mientras el aliento de Dios esté en mí vivo.

Ibn Gabirol

Alguien que te demuestre tus faltas es mejor compañía que alguien que te llene las manos de oro.

Ibn Gabirol

Has de saber que este universo, en su integridad, no es sino un ser individual. La suprema esfera celeste, juntamente con cuanto ella encierra, es, sin duda, un individuo de la misma condición que tú. La variedad de sus sustancias, es como la variedad de las sustancias del cuerpo humano.

Maimónides, *Guía de perplejos*

Quienes creen que están presentes en Dios los atributos esenciales de existencia, vida, poder, sabiduría y voluntad, han de saber que tales atributos no tienen el mismo sentido hablando de Dios que de nosotros, y que la diferencia no consiste solo en magnitud, o en grado de perfección, estabilidad o permanencia. No hay nada en común en ningún sentido entre los atributos que se refieren a nosotros, ni hay entre ellos otra afinidad que la de las palabras.

Maimónides, *Guía de perplejos*

Todo ignorante se imagina que el universo entero únicamente existe para beneficio suyo, como si nadie más hubiera en él. En consecuencia, si lo que a él le sucede es contrario a sus deseos, forma el juicio tajante de que lo único real es el mal. Pero si el hombre considerara y se representara en el cosmos, percatándose de su insignificancia dentro del mismo, la verdad se le mostraría clara y evidente.

Maimónides, *Guía de perplejos*

Hemos declarado ya que debe excluirse hablando de Dios todo cuanto implique corporeidad o apasionamiento, ya que toda pasión implica mudanza, y el agente que la produce ha de ser diferente del objeto afectado. Y si Dios no es en manera alguna afectable, sería menester que obrase algún otro ser sobre Él y le hiciera mudar.

Igualmente, deben excluirse hablando de Dios todas las formas de inexistencia. No cabe imaginar que pueda darse en Él alguna perfección que esté presente en un momento y ausente en otro, ya que entonces, en un momento dado, Dios sería perfecto solo en potencia. La potenciabilidad implica siempre inexistencia, y cuando una cosa ha de pasar de potencia a realidad o acto, precisa que haya alguna otra cosa que efectúe la transición. De donde se deduce que todas las perfecciones deben existir de manera permanente en Dios, y que no puede ser que algunas existan meramente en potencia. También debe negarse respecto a Dios toda semejanza con cualquiera de los seres creados.

Maimónides, *Guía de perplejos*

Sabido es que la existencia es un accidente que sobreviene a todo cuanto existe, y por lo tanto constituye un elemento añadido a su esencia.

Maimónides, *Guía de perplejos*

Hombre bienaventurado es el que no se preocupa en valer más de lo que vale.

Don Sem Tob, *Proverbios morales*

Al mundo lo mantiene la bondad de tres cosas: la justicia, la verdad y la paz que de ellas nace.

Don Sem Tob, *Proverbios morales*

Por buscar la demasía es todo el mal que padecemos; por lo necesario nunca hemos de penar mucho.

Don Sem Tob, *Proverbios morales*

Si no quieres sufrir por la falta de todo lo que deseas, aprende a desear aquello que puedes tener.

Don Sem Tob, *Proverbios morales*

El sabio, para acumular riquezas, ni por un momento se tomará la molestia de pasar fatigas.

Don Sem Tob, *Proverbios morales*

Hay hombres tan necios que pasan el día fatigados, ajetrados para juntar bienes y riquezas. Y las noches, acongojados por el miedo a perderlas.

Don Sem Tob, *Proverbios morales*

Aunque te parezca que Dios es quien destruye, ten siempre presente que Él nunca destruye, sino que repara y vuelve a construir.

Ben Ezra

Si Dios no está en tu corazón, no podrás encontrarlo en ninguna otra parte del mundo.

Even Bojan

Vacíate y verás como yo soy Dios.

Rey David

¡Oh, Dios!, tú me has examinado y me conoces; tú conoces cuando me siento y cuando me levanto y, de lejos, conoces mi pensamiento.

Sabes cuándo camino y cuándo descanso, te son familiares todas mis sendas.

Aún no está la palabra en mi lengua y ya tú, Dios, lo sabes todo.

Me envuelves por detrás y por delante y tu mano la pones sobre mí.

Admirable es para mí esta ciencia y es demasiado sublime para comprenderla.

¿ Dónde podría alejarme de tu espíritu? ¿Adonde huir de tu faz?

...

Porque tú formaste mis entrañas, tú me tejiste en el seno de mi madre.

Te alabaré por el maravilloso modo en que me hiciste. Admirables son tus obras. Del todo conoces mi alma.

...

Ya vieron tus ojos mis obras, siendo escritas todas en tu libro. Estaban mis días determinados cuando aún no existía ninguno de ellos.

¡Cuán difíciles son de entender tus pensamientos! Ingente es el número de ellos.

Salmos

CRISTIANISMO

...Y la verdad os hará libres.

Jesús de Nazaret

Si plantáis un árbol bueno, su fruto será bueno, pero si plantéis un árbol malo, su fruto será malo, porque el árbol por sus frutos se conoce.

Jesús de Nazaret, *Evangelio según San Mateo*

Pedid, y se os dará; buscad y hallaréis; llamad y se os abrirá. Porque quien pide recibe, quien busca halla, y a quien llama se le abre.

Jesús de Nazaret, *Evangelio según San Mateo*

¿Cómo ves la paja en el ojo de tu hermano y no ves la viga en el tuyo?

Jesús de Nazaret, *Evangelio según San Mateo*

Sígueme, y deja que los muertos sepulten a sus muertos.

Jesús de Nazaret, *Evangelio según San Mateo*

Amarás, pues, al Señor tu Dios con todo tu corazón, con toda tu alma, con toda tu mente y con todas tus fuerzas.

Jesús de Nazaret, *Evangelio según San Marcos*

Nada hay fuera del hombre que entre en él que le pueda contaminar; más lo que sale de él, aquello es lo que contamina al hombre.

Jesús de Nazaret, *Evangelio según San Marcos*

Os digo que a todo el que tiene se le dará, y al que no tiene, aun lo que tiene le será quitado.

Jesús de Nazaret, *Evangelio según San Lucas*

De cierto os digo que cualquiera que no recibiese el Reino de Dios como un niño, no entrará en él.

Jesús de Nazaret, *Evangelio según San Lucas*

¿Y si hacéis bien a los que os lo hacen, que mérito tendréis?

Jesús de Nazaret, *Evangelio según San Lucas*

No juzguéis y no seréis juzgados, no condenéis y no seréis condenados, perdonad y seréis perdonados, dad y se os dará. La medida que con otros usareis, esa se usará con vosotros.

Jesús de Nazaret, *Evangelio según San Lucas*

Pero ya llega la hora, y es esta, cuando los verdaderos adoradores adorarán el Padre en espíritu y en verdad, pues tales son los adoradores que el Padre busca. Dios es espíritu, y los que le adoran han de adorarle en espíritu y verdad.

Jesús de Nazaret, *Evangelio según San Juan*

Este es mi precepto: que os améis unos a otros como yo os he amado.

Jesús de Nazaret, *Evangelio según San Juan*

Que aquel que busque no cese de buscar hasta que encuentre, y cuando encuentre, será turbado, será maravillado, y entonces, reinará sobre el Todo.

Jesús de Nazaret, *Evangelio apócrifo según Tomás*

Si aquellos que os guían os dice: ved, el Reino está en el cielo, entonces los pájaros del cielo os aventajarán; si os dicen que está en el mar, entonces los peces os aventajarán. Pero el Reino está en vuestro interior y fuera de vosotros. Cuando os conozcáis, entonces seréis conocidos y sabréis que sois los hijos del Padre que está vivo. Pero, si no os conocéis, entonces estaréis en la pobreza, y sois la pobreza.

Jesús de Nazaret, *Evangelio apócrifo según Tomás*

Cuando hagáis de dos uno, lo interior como lo exterior, y lo que está arriba como lo que está abajo, entonces entraréis en el Reino.

Jesús de Nazaret, *Evangelio apócrifo según Tomás*

No temas a la carne ni tampoco la ames. Si la temes, ella te dominará. Si la amas, ella te devorará.

Jesús de Nazaret, *Evangelio apócrifo según Felipe*

En Ti somos, nos movemos y existimos.

San Pablo

Si hablo las lenguas de los hombres y de los ángeles, pero no tengo amor, soy como un bronce que vibra o un platillo que suena. Si tengo el don de la profecía, y comprendo todos los misterios y tengo todo el conocimiento, y si tengo tanta fe que puedo mover montañas, pero no tengo amor, no soy nada. Si reparto entre los pobres todo lo que tengo y entrego mi cuerpo a las llamas, pero no tengo amor, de nada me aprovecha.

San Pablo

Nuestro señor nos ha ordenado que lo que predicamos en palabras ante el pueblo, lo cumplamos en hechos ante cada uno.

Doctrina de Addai

El Verbo de Dios se hizo hombre, para que aprendiéramos de un hombre, como el hombre puede volverse Dios.

Clemente de Alejandría

Todos los pensamientos penetran en el corazón por la imaginación de objetos sensibles. La bendita Luz de la Deidad ilumina el espíritu cuando este se ha despojado totalmente de todas las cosas y de sus formas. Este esplendor se manifiesta al espíritu purificado por la privación de todo pensamiento.

Hesiquio de Batos

La sobriedad es el camino de todas las virtudes. Consiste en la tranquilidad del corazón y en un espíritu perfectamente preservado de toda imaginación.

Hesiquio de Batos

La atención es un corazón en permanente reposo de todo pensamiento, que solo respira e invoca sin interrupción a Dios.

Hesiquio de Batos

El espíritu, en primer lugar, busca y encuentra, luego se une a aquello que ha encontrado; conduce su búsqueda por medio de la razón, pero opera por el amor. La búsqueda de la razón se efectúa en orden a la verdad; la unión del amor en el de la bondad.

Teopleto de Filadelfia

Dios siempre quiere hacerse hombre en aquellos que son dignos de ello.

Máximo el Confesor

El misterio de la Encarnación del Verbo contiene en sí el significado de la creación.

Máximo el Confesor

Donde hay amor, ¿qué puede hacer daño? Donde no lo hay, ¿qué puede ser de provecho?

San Agustín

A Dios no se le puede pensar.

San Anselmo

¡Señor, haz de mi un instrumento de tu paz!

San Francisco de Asís

¡Oh, Dios mío!, creador de la humanidad, no aspiro ni a comprenderte a Ti ni a tu creación, ni a comprender el dolor ni el sufrimiento. Solo aspiro a aliviar el dolor y el sufrimiento de los demás, y confío en que al hacerlo pueda comprender con más claridad tu naturaleza.

San Francisco de Asís

Haz Señor, que no quiera tanto ser consolado como consolar, ser comprendido como comprender, ser amado como amar; porque al entregarse uno mismo es cuando recibe; al olvidarse de uno mismo es cuando se encuentra.

San Francisco de Asís

Yo me he vuelto hombre visible para que tú me ames viéndome, a mí, a quien no veías ni podías ver en mi Divinidad y a quien no amabas. Yo me he dado a Ti, date tu a mí.

San Buenaventura

El ojo con el que yo veo a Dios es el mismo ojo con el que Dios me ve.

Maestro Eckhart

Amar a Dios como Dios es, significa:

No-Dios.

No-mente.

No-persona.

No-imagen.

Maestro Eckhart

En verdad, el haber cometido pecados no es pecado con tal de que nos apene. El hombre no debe cometer un pecado por todo cuando pueda suceder en el tiempo o en la eternidad; ni pecados mortales ni veniales, ni de otra índole. Quien quisiera portarse bien con Dios, debería tener siempre presente que Dios, leal y amante como es, ha llevado al hombre de una vida pecaminosa a otra divina, que lo ha convertido de enemigo en amigo suyo, lo cual es superior a crear una tierra. Este hecho debería ser uno de los más fuertes acicates para afianzar al hombre totalmente en Dios y sería maravillosa la fuerza que tendría para inflamar al hombre con un amor tan grande de tal modo que renunciara por completo a sí mismo.

Maestro Eckhart

Eleva tu corazón al Señor, con un suave movimiento de amor, deseándole por sí mismo y no por sus dones.

Nube del no-saber

Te parecerá que no conoces ni sientes nada a excepción de un puro impulso hacia Dios en las profundidades de tu ser.

Nube del no-saber

Acuérdate de esta distinción entre Él y tú: Él es tu ser, pero tú no eres el suyo

Nube del no-saber

La más alta perfección del hombre es la unión con Dios en la consumación del Amor. Un destino tan alto, tan puro en sí mismo y tan por encima del pensamiento humano que no puede ser conocido o imaginado tal como es.

Nube del no-saber

Una razón que tengo para aconsejarte que ocultes el deseo de tu corazón de los ojos de Dios, es porque cuando tú ocultas, más claramente lo ve él.

Nube del no-saber

¿Cómo puede ser tu corazón tan pesado y falto de espíritu que no se levante continuamente por la atracción del amor del Señor y el sonido de su voz?

Nube del no-saber

Porque en el cielo veremos los pecados que hemos cometido en esta vida, pero también que por nuestras faltas nunca nuestro amor por Él resultó dañado y que en ningún momento desmerecimos ante su presencia.

Juliana de Norwich, *Revelaciones de Amor Divino*

Dios es la eterna y soberana verdad, sabiduría, amor increado; y el alma del hombre es una criatura de Dios que tiene las mismas propiedades, aunque creadas y ella tienda constantemente a aquello para lo cual fue creada: amar a Dios.

Juliana de Norwich, *Revelaciones de Amor Divino*

Comprendí que la omnipotencia de la Trinidad es el Padre; su profunda sabiduría se manifiesta como la Madre; y su gran amor es Nuestro Señor; y todo esto lo tenemos nosotros por nuestro origen y por la creación de nuestra sustancia que nos une a lo Alto.

Juliana de Norwich, *Revelaciones de Amor Divino*

¿Qué buscas aquí? ¿Por qué miras a todos lados como si fuera este el lugar de tu residencia? El cielo es donde habrás de vivir por eso debes mirar todo el mundo como quien va de paso. Todas las cosas van de paso y tú igualmente con ellos. Guárdate de apegar tu corazón a las cosas pasajeras para que no te aprisionen y perezcas.

Kempis, *Imitación de Cristo*

No es pequeña lástima y confusión que, por nuestra culpa, no entendemos a nosotros mismos, ni sepamos quién somos. ¿No sería gran ignorancia, hijas mías, que preguntasen a uno quién es, y no se conociese, ni supiese quién fue su padre, ni su madre, ni de qué tierra? Pues si esto sería gran bestialidad, sin comparación es mayor la que hay en nosotras, cuando no procuramos saber qué cosa somos, sino que nos detenemos en esto cuerpos, y así a bulto, porque lo hemos oído y porque nos lo dice la fe, sabemos que tenemos almas. Más qué bienes puede haber en esta alma, o quien está dentro en esta alma, o el gran valor de ella, pocas veces lo consideramos; y así se tiene en tan poco procurar con todo cuidado conservar su hermosura. Todo se nos va en la grosería del engaste acerca de este castillo, que son estos cuerpos.

Santa Teresa de Jesús, *Las moradas*

La más cierta señal que, a mi parecer, hay de si guardamos estas dos cosas, es guardando bien la del amor al prójimo; porque si amamos a Dios, no se puede saber, aunque hay indicios grandes para entender que le amamos; más el amor al prójimo sí. Y estad ciertas que, mientras más en este os viereis aprovechadas, más lo estáis en el amor de Dios; por qué es tan grande el que Su Majestad nos tiene, que en pago del que tenemos al prójimo, hará que crezca el que tenemos a Su Majestad por mil maneras: esto yo no puedo dudar.

Santa Teresa de Jesús, *Las moradas*

Mire yo a mi Amado y mi Amado a mí, mire Él por mis cosas y yo por las suyas.

Santa Teresa de Jesús

Las cosas ocultas de Dios, no hemos de buscar razones para entenderlas.

Santa Teresa de Jesús

El amor jamás está ocioso.

Santa Teresa de Jesús

Lo que más os despertare a amar, eso haced.

Santa Teresa de Jesús

Mejor amistad será dar un buen ejemplo que todas las ternuras que se puedan decir.

Santa Teresa de Jesús

Solo Dios basta.

Santa Teresa de Jesús

El Señor no mira tanto la grandeza de las obras como el amor con que se hacen.

Santa Teresa de Jesús

Muchas veces hacemos entender que no entendemos cuál es la voluntad del Señor.

Santa Teresa de Jesús

No se negocia bien con Dios a fuerza de brazos*.

Santa Teresa de Jesús

Suma de perfección:
Olvido de lo creado
memoria del creador
atención a lo interior
y estarse amando al Amado.

San Juan de la Cruz

Por tres cosas podemos decir que se llama noche este tránsito que hace el alma a la unión de Dios. La primera, por parte del termino de donde el alma sale, porque ha de ir careciendo el apetito de todas las cosas del mundo que poseía en negación de ellas; la cual negación y carencia es como noche para todos los sentidos del hombre.

La segunda, por parte del medio o camino por donde ha de ir el alma a esta unión, lo cual es la fe, que es también oscura para el entendimiento, como noche.

La tercera, por parte del término a donde va, que es Dios, el cual, ni más ni menos, esa noche oscura para el alma en esta vida. Las cuales tres noches han de pasar por el

---

*Se refiere a la voluntad.

alma, o, por mejor decir, el alma por ellas, para venir a la divina unión con Dios.

Estas tres partes de noche todas son una noche: pero tres partes como la noche. Porque la primera, que es la del sentido, se compara a primera noche, que es cuando se acaba de carecer del objeto de las cosas. Y la segunda, que es la fe, se compara a la media noche, que es totalmente oscura. Y la tercera, al despidiente, que es Dios, la cual ya es inmediata a la luz del día.

San Juan de la Cruz, *Subida al Monte Carmelo*

La persona devota de veras, en lo invisible principalmente pone su devoción, y pocas imágenes ha menester y de pocas una, de aquellas que más se conforman con lo divino que con lo humano.

San Juan de la Cruz, *Subida al Monte Carmelo*

Más agrada a Dios una obra, por pequeña que sea, hecha en escondido no teniendo voluntad de que se sepa, que mil hechas con gana de que las sepan los hombres; porque el que con purísimo amor obra por Dios, no solamente no se le da nada de que lo vean los hombres, pero ni lo hace porque lo sepa el mismo Dios; el cual, aunque nunca lo hubiese de saber, no cesaría de hacerle los mismos servicios con la misma alegría.

San Juan de la Cruz, *Dichos de Luz y Amor*

Sin trabajo sujetarás las gentes y te servirán las cosas si te olvidares de ellas y de ti mismo.

San Juan de la Cruz, *Dichos de Luz y Amor*

No te conocía yo a ti, oh Señor mío, porque todavía quería saber y gustar cosas.

San Juan de la Cruz, *Dichos de Luz y Amor*

Señor Dios mío, no eres tú un extraño a quien no se extraña contigo; ¿cómo dicen que te ausentas tú?

San Juan de la Cruz, *Dichos de Luz y Amor*

Todo el mundo exterior visible con todas sus criaturas, es una imagen del mundo interior espiritual.

Jakob Böhme

Sabrás que hay algunas almas que por esmerarse más en santidad vienen a quedarse muy atrás de ella, haciendo penitencias indiscretas. En este barranco han caído muchos, pareciéndoles que si no se arrojan a rigurosas penitencias jamás llegarán a ser santos, como si en solo ellas estuviera la santidad. Dicen que quien poco siembra, poco coge, y ellos no siembran otra semilla con sus indiscretas penitencias que amor propio, en lugar de arrancarle.

Pero lo peor que hay en estas indiscretas penitencias es que con el uso de estos secos y estériles rigores se engendra una amargura de corazón para consigo y para con los próximos que es bien ajena del verdadero espíritu; para consigo porque no experimentan la suavidad del yugo del Cristo y la dulzura de la caridad, sino solo la aspereza de las penitencias, con lo que queda el natural desabrido, de donde viene a estarlo también con los próximos, a notar y reprender mucho sus faltas, a tenerlos por imperfectos y defectuosos.

Miguel de Molinos, *Guía espiritual*

Nunca es bien amar a tu prójimo con detrimento de tu espiritual bien. El agradar a Dios con sencillez ha de ser el único blanco de tus obras. Este ha de ser tu único deseo y cuidado, procurando templar tu desordenado fervor para que reine en tu alma la tranquilidad y paz interior. El verdadero celo de las almas que has de procurar ha de ser el amor puro a tu Dios; este es el fructuoso, el eficaz y el verdadero, y el que hace milagros en las almas, aunque con voces mudas.

Miguel de Molinos, *Guía espiritual*

Deja a Dios el cuidado, que él sabe cómo amoroso padre lo que a ti más te conviene, confórmate totalmente con su voluntad, que es donde está fundada la perfección; porque el que hace la voluntad del Señor, este es madre, hijo y hermano del mismo hijo de Dios.

Miguel de Molinos, *Guía espiritual*

Yo mismo soy la eternidad cuando abandono el tiempo y me resumo a mí mismo en Dios y a Dios en mí.

Angelus Silesius, *El peregrino querubínico*

Sé que sin mí Dios no puede vivir un instante.

Angelus Silesius, *El peregrino querubínico*

La naturaleza de las cosas se mide por la disposición interna del alma. Quien ha alcanzado el amor auténtico ya no divide las cosas en categorías. No hace distinciones entre justos y pecadores, sino que ama a todos por igual y no les juzga, lo mismo que Dios hace brillar el sol y caer la lluvia sobre buenos y malos.

La vía del peregrino

Jamás disfrutarás del mundo hasta que el propio mar fluya por tus venas y hasta que estés revestido por los cielos y coronado por las estrellas, y veas que eres heredero único del todo el mundo; y algo más, pues en él hay otros que son, todos ellos, herederos únicos tanto como tú. Mientras no sepas cantar, regocijarte y disfrutar de Dios como disfrutarán los avaros del oro y los reyes de los cetros, no podrás disfrutar jamás en el mundo.

Thomas Traherne

No te hallaba porque mal buscaba fuera, que estabas dentro.

San Agustín

Renunciando a todo lo que pueda la mente concebir, abismado totalmente en lo que no percibe ni comprende, se abandona por completo en Aquel que está más allá de todo ser, sin pertenecerse a sí mismo ni a nadie. Renunciando a todo conocimiento, queda unido por lo más noble de su ser con aquel que es totalmente incognoscible. Por lo mismo que nada conoce, entiende toda inteligencia.

Pseudo Dionisio Areopagita

Hoy se te da la posibilidad de ser Dios, no la desaproveches.

Gregorio de Nacianzo

El mal no está en la naturaleza y nadie es malo por naturaleza, pues Dios no hizo nada malvado. Cuando alguien, por su ambición y deseo, lleva al estado de la forma aquello que carece de sustancia, esto comienza a ser lo que su voluntad le hace ser. Es importante entonces, en una ocupación constante por el recuerdo de Dios, despreciar el hábito del mal ya que la naturaleza del bien es mucho más fuerte que el hábito del mal, puesto que la naturaleza del bien es, mientras que la otra solo tiene existencia en el acto.

Diadoco de Fotice

ISLAMISMO

Aquel que se conoce a sí mismo conoce a Dios.

Mahoma

———————————

En el nombre de Dios,
el Clemente, el Misericordioso

Alabanza a Dios,
Señor de todos los mundos,
el Compasivo, el Misericordioso,
Soberano del Día del Juicio,
es a Ti a quien alabamos,
y a Ti a quien recurrimos.
Muéstranos el camino recto
el camino de aquellos a los que has favorecido,
no de aquellos sobre los recae tu cólera,
no de aquellos que andan extraviados.

El Corán

———————————

¡Dios!
No hay más Dios que el único,
el Viviente, el Subsistente:
el letargo no se apodera de Dios,
ni el sueño.
A Dios pertenece

Cuanto hay en los cielos y en la tierra:

¿quién podría haber que intercediera ante Dios sin su consentimiento?

Dios sabe lo que se halla ante ellos,

y lo que se halla tras ellos,

pero ellos (los hombres) no comprenden

nada acerca del conocimiento de Dios,

excepto lo que Él quiere.

El trono de Dios

se extiende sobre los cielos y sobre la tierra,

y su conservación

no es onerosa para Él,

pues Dios es el Altísimo, el Sublime.

El Corán

———————————————

Pues con Dios

se hallan las claves de lo oculto,

nadie las conoce,

lo que hay en la tierra

y en el mar

y ni una sola hoja se cae

sin que Dios lo sepa.

Y no hay un solo grano

en la oscuridad de la tierra

ni hay nada verde, o seco, que no esté en un Libro abierto.

Es Dios

quien toma vuestras almas por la noche,

y sabe lo que habéis adquirido de día;

después os resucitará,

de modo que se cumpla

el plazo fijado

por tanto, vuestro destino,

será Dios,

que os pondrá en conocimiento

de lo que habéis hecho.

El Corán

¿Tomaré por amigo y protector

a otro que no sea Dios,

creador de los cielos y de la tierra?

Pues Dios alimenta, mas no es alimento.

El Corán

No ha de haber coacción en la religión.

La verdadera dirección es de hecho distinta del error:

pues cualquiera que deje de creer en ídolos y crea en Dios

se ha asido el asa más segura,

que no se rompe.

Pues Dios todo lo oye y todo lo sabe.

El Corán

¿Cómo podéis negar a Dios, puesto que estabais muertos y os dio la vida; y después os hará morir y os volverá a la vida? Entonces retornaréis a Dios.

El Corán

Ofrecimos esta carga —la responsabilidad del libre albedrío— a los cielos, a la tierra, y a las montañas y se negaron a hacerse cargo de ella. Pero el hombre la tomó sobre sí mismo.

El Corán

Dios no mira ni vuestros cuerpos ni vuestras formas, pero mira vuestros corazones y vuestras obras.

Mahoma, *Haddihts*

Despégate de este mundo y Dios te amará. Despégate de lo que poseen los hombres y los hombres te amarán.

Mahoma, *Haddihts*

Nada que te enseñe una lección se ha perdido para tu abundancia.

Hazrat Ali

Aquel que se tiene a sí mismo como algo precioso, concede escasa importancia a los deseos.

Hazrat Ali

La lengua es una bestia salvaje que, cuando la dejas suelta, hiere.

Hazrat Ali

Cada respiración que hacemos es un paso hacia nuestro destino.

Hazrat Ali

Todo lo que no es Dios son velos que lo ocultan.

Abubalas Ben Alarif, Mahasin al Machalis

Tú eres el velo que a tu propio corazón oculta el secreto de Su misterio.

Abubalas Ben Alarif, Mahasin al Machalis

Después de la muerte, el alma permanece inmortal en el seno de Dios, pero sus demás facultades tanto animales, intelectivas o emocionales que no pueden actuar sin la ayuda del cuerpo, mueren con él.

Avicena

Dice una conocida sentencia del Profeta que «Aquel que se conoce a sí mismo conoce a Dios», es decir, que por medio de la contemplación de su propio ser y de sus atributos, el hombre alcanza un cierto conocimiento de Dios. Pero dado que muchos que se contemplan a sí mismos no encuentran a Dios, se deduce que debe haber una forma especial de hacerlo.

Al-Ghazali, *La Alquimia de la Felicidad.*

El conocimiento de uno mismo es la clave del conocimiento de Dios, de acuerdo con el dicho: «Aquel que se conoce a sí mismo conoce a Dios», y tal como está escrito en el Corán: «Les mostraremos nuestros signos en el mundo y en ellos mismos, para que la verdad les sea revelada». Nada hay más cerca de ti que tú mismo, y si no te conoces a ti mismo, ¿cómo puedes conocer ninguna otra cosa? Si dices: »Me conozco a mí mismo», refiriéndote a tu aspecto exterior, a tu cuerpo, tu cara, tus miembros, etc., tal conocimiento nunca puede ser la clave para el conocimiento de Dios. ¿Y cómo podrías avanzar por este camino, si tu conocimiento de lo que hay dentro de ti no alcanza más allá que el saber que cuando tienes hambre, comes, y cuando te sientes iracundo, atacas a alguien? Pues en esto las bestias son iguales que tú. Pero el auténtico conocimiento de uno mismo consiste en saber: qué eres tú en ti mismo y de dónde vienes; hacia dónde vas y con qué objeto has venido a detenerte aquí un momento; y en qué consisten tu auténtica felicidad y tu auténtica miseria. Algunos de tus atributos son los mismos de los animales, otros, de los diablos, y algunos, de los ángeles, y tienen que investigar cuales de estos atributos son accidentales y cuáles son esenciales. Hasta que no sepas esto no podrás saber dónde radica tu auténtica felicidad.

Al-Ghazali, *La Alquimia de la Felicidad.*

Pero el gozo del conocimiento de Dios está aún muy lejos del gozo de su visión, al igual que nuestra alegría al pensar en aquellos en quien amamos es menor que el placer que nos proporciona el verlos.

El estar presos en cueros de arcilla y agua, y el estar sometidos a los fenómenos de los sentidos, constituyen un velo que nos oculta la visión de Dios, aunque no nos impiden alcanzar un cierto conocimiento de Él. Lo cierto es que igual que la semilla del hombre se convierte en hombre, y el hueso del dátil se convierte en palmera, así el conocimiento de Dios adquirido en la tierra se transformará en otro mundo en visión de Dios y aquel que nunca haya tenido este conocimiento, jamás tendrá la visión.

Al-Ghazali, *La Alquimia de la Felicidad.*

Sabes que no tienes poder sobre tu destino. ¿Por qué la incertidumbre del mañana ha de causarte inquietud? Si eres sabio, goza del momento actual ¿El mañana? ¿Qué puede traerte el mañana?

Omar Khayyam, *Rubaiyyat*

En los monasterios, sinagogas y mezquitas se refugian los débiles temerosos del infierno. Pero el hombre que conoce la grandeza de Dios, no cultiva en su corazón las malas semillas del terror y de la súplica.

Omar Khayyam, *Rubaiyyat*

Cierra tu Corán. Piensa libremente y encara las cosas del cielo y la tierra. Al pobre que pasa, entrégale la mitad de lo que tienes. Perdona a los culpables. No entristezcas a nadie y escóndete para sonreír.

Omar Khayyam, *Rubaiyyat*

Hay muchas personas caminando por las calles que en realidad están muertas; hay muchas personas en sus tumbas que en realidad están vivas.

Farid al Din Attar

Mi corazón puede adoptar todas las formas.

Es pasto para las gacelas,

y monasterios para monjes cristianos

y templo para ídolos,

y la Kaaba del peregrino,

y las tablas de la Torá, y el libro del Corán.

Yo sigo la religión del Amor.

Cualquiera que sea el rumbo que tomen los camellos, esa es mi religión y mi fe.

Ibn Arabi

La existencia de las cosas creadas no es sino la existencia misma del Creador.

Ibn Arabi

El amor de Dios a sus siervos no tiene principio ni fin, pues no está destinado a recibir las realidades contingentes y accidentales. De tal modo que el amor de Dios a sus siervos, desde el primero hasta el último, según su proceso sin fin, es, en su esencia, el principio mismo de Su Ser. Es por eso que el amor de Dios hacia los seres tiene una relación íntima con Su Ser, que no se puede separar de ellos, en cualquier estado que se le considere, virtual o actual; pues Dios está con ellos en su condición de ser virtual, puesto que Dios los conoce y los contempla y los ama sin cesar. Ningún principio nuevo que Dios ya no posea puede serle atribuido. Es más, Dios no ha cesado jamás de amarlos, como jamás ha cesado de conocerlos.

Ibn Arabi, *Tratado del amor*

Se conoce a Dios por la sola revelación que Él nos da de sí, por el amor, la misericordia, la bondad, la compasión y la amistad que Él tiene por nosotros, y también por la Revelación por la cual determina unas similitudes que le conciernen.

Ibn Arabi, *Tratado del amor*

Has de saber que hay dos tipos de realidades cognoscibles. Algunas pueden recibir una definición y otras no. Y el amor, a juicio de los doctos en la materia, no puede ser definido. Lo conoce aquel en quien se establece, y que lo posee como atributo sin que sea, sin embargo, capaz de conocer su naturaleza ni de negar su realidad.

Ibn Arabi, *Tratado del amor*

La total posesión por el amor del ser que ama a Dios encuentra su razón profunda en la constitución del hombre hecho según la forma de Dios. Este ser es entonces susceptible de recibir, con una correspondencia total, la majestuosa presencia divina en toda su persona y por esta razón todos los nombres divinos se manifiestan en él.

Ibn Arabi, *Tratado del amor*

La existencia comprende todos los seres, al igual que, por ejemplo, la obligación comprende todos los obligados o que la cosa calificada encierra todos sus atributos. Entre ella y los seres no hay relación del continente y el contenido o del todo con las partes. Dios está muy por encima de semejante suposición.

Ibn Arabi, Tratado del amor

He conocido a mi Señor por mi Señor sin confusión ni duda. Mi naturaleza íntima es la suya, realmente, sin falta ni defecto. Entre nosotros dos no hay devenir alguno y mi alma es el lugar donde el mundo oculto se manifiesta. Desde que conocí mi alma sin mezcla ni turbación he llegado a la unión con el objeto de mi amor sin que haya más distancias entre nosotros, ni largas ni cortas. Recibo gracias sin que nada baje de arriba, sin reproches e incluso sin motivos. No he hecho desaparecer mi alma a causa de Él y ella no ha tenido ninguna duración temporal para ser destruida después.

Ibn Arabi, Tratado de la unidad

Gloria a Dios, ante cuya unidad no hay anterior, sino es Él que es el primero; después de cuya singularidad no hay ningún después, si no es Él que es el siguiente. Respecto a Él, no hay antes ni después, ni alto, ni bajo, ni cerca, ni lejos, ni cómo, ni qué, ni dónde, ni estado, ni sucesión de instantes, ni tiempo, ni espacio.

Ibn Arabi, Tratado de la unidad

¿No conoces la belleza de tu propio rostro? ¡Abandona ese estado de ánimo que te lleva a una guerra contigo mismo!

Rumi, El Masnawi

Por el amor, la enfermedad es salud.

Por el amor, la ira es piedad.

Por el amor, los muertos vuelven a la vida.

Rumi, El Masnawi

Examiné la cruz de los cristianos del principio al fin. Él no estaba en la cruz. Fui al templo hindú, a la pagoda antigua. En ninguno encontré el menor signo. Subí hasta las cumbres sagradas. Miré a mi alrededor. Él no estaba en las cumbres ni en el valle. Fui a la Kaaba. Tampoco estaba allí. Pregunté su paradero: estaba más allá de los límites del filósofo Avicena. Miré en mi propio corazón. Y en este lugar, lo vi.

Si hay un amante en el mundo, ese soy yo.

Si hay un eremita cristiano o creyente, ese soy yo.

Los posos del vino, la copa, el arpa y la música.

El amante, la luz de la vela.

La bebida y la alegría del que bebe, ese soy yo.

Los setenta y dos credos y sectas del mundo no existen.

Juro ante Dios que todo creado y toda secta están en mí.

Tierra, aire, agua y fuego, y hasta el cuerpo y el alma.

La verdad, la mentira, lo bueno y lo malo, lo sencillo y lo difícil.

Desde el comienzo hasta el fin.

El saber y el aprender, el ascetismo, la piedad y la fe, todo eso soy yo.

El infierno con su limbo flamígero, el paraíso y el edén, y las huríes.

El cielo, la tierra y todo cuanto contienen, ángeles, genios y hombres, todo eso soy yo.

Rumi

Cuando Dios toma un corazón lo vacía de todo lo que no es Él.

Hallas

Todo depende de la memoria, no se comienza por aprender sino por recordar.

Hakki

El que buscas las imperfecciones de los demás se inhabilita para ver sus propias imperfecciones. El que tiene a la vista sus propios defectos no ve los defectos de los demás.

Dhul-Nun

¿Por qué dejas a otros lo que debería ser tu tarea? ¿Y por qué después de tu inactividad desprecias el trabajo de los otros?

Anwar Suhaili

Prepárate para descubrir que todas las creencias que provenían de tu medio ambiente eran secundarias. Incluso aunque una vez te fuesen de mucha utilidad, pueden convertirse en inútiles y en verdaderas trampas en tu encuentro con lo verdadero.

Baha-ud-Din Naqshband

Tú eres tu propia barrera, sáltala desde dentro.

Hafez

Me río cuando me dicen que el pez en el agua tiene sed;
¿no ves que lo real mora en ti y que vagas sin rumbo?
¡He ahí la verdad! No importa a dónde vayas.
Si no encuentras tu alma, es ilusorio el mundo para ti.

Kabir

Oh, hombre, si no conoces a tu propio creador,

¿de qué estás tan orgulloso?

Despréndete de tus agudezas;

las meras palabras nunca te unirán a Él.

No te dejes engañar por el testimonio de las escrituras.

El amor es otra cosa,

y quien realmente lo busca, lo encuentra.

Kabir

Busca la compañía del bueno,

donde el Amado tiene su morada;

recibe de ahí todos tus pensamientos,

todo tu amor y todo mandato,

¡que se convierta en cenizas la asamblea donde no se pronuncie su nombre!

Dime, ¿cómo podrías festejar una boda si no se presentara el novio?

No vaciles más, piensa solo en el amado;

que tu corazón no adore a otros dioses;

carece de valor rendir culto a otros maestros.

¡Así no hallarás nunca el amado!

Kabir

El mendigo va pidiendo limosna,

pero yo no pude verle siquiera,

¿y que podría pedirle?

Él da sin que yo le pida.

Le pertenezco y que acontezca ahora lo que quiera.

Kabir

Se ha perdido la joya en el lodazal y todos la buscan;

algunos se dirigen al oriente;

otros hacia el occidente;

unos buscan en el agua;

otros escudriñan entren los guijarros.

Pero Kabir, el servidor, estimándola en su verdadero valor, cuidadosamente la ha envuelto en el profundo manto de su corazón.

Kabir

Sé con este mundo como si nunca hubieras estado en él, y con el otro como si no lo hubieras abandonado nunca.

Hasan al-Basri

Autores para la formación

C**O**nferencias
EDITATUM

Editatum y **GuíaBurros** te acercan a tus autores favoritos para ofrecerte el servicio de formación GuíaBurros.

Charlas, conferencias y cursos muy prácticos para eventos y formaciones de tu organización.

Autores de referencia, con buena capacidad de comunicación, sentido del humor y destreza para sorprender al auditorio con prácticos análisis, consejos y enfoques que saben imprimir en cada una de sus ponencias.

Conferencias, charlas y cursos que representan un entretenido proceso de aprendizaje vinculado a las más variadas temáticas y disciplinas, destinadas a satisfacer cualquier inquietud por aprender.

Consulta nuestra amplia propuesta en **www.editatumconferencias.com** y organiza eventos de interés para tus asistentes con los mejores profesionales de cada materia.

Nuestras colecciones

Guías para todos aquellos que deseen ampliar sus conocimientos sobre asuntos específicos, grandes personajes, épocas, culturas, religiones, etc., ofreciendo al lector una amplia y rica visión de cada una de las temáticas, accesibles a todos los lectores.

Guías para gestionar con éxito un negocio, vender un producto, servicio o causa o emprender. Pautas para dirigir un equipo de trabajo, crear una campaña de marketing o ejercer un estilo adecuado de liderazgo, etc.

Guías para optimizar la tecnología, aprender a escribir un blog de calidad, sacarle el máximo partido a tu móvil. Orientaciones para un buen posicionamiento SEO, para cautivar desde Facebook, Twitter, Instagram, etc.

Guías para crecer. Cómo crear un blog de calidad, conseguir un ascenso o desarrollar tus habilidades de comunicación. Herramientas para mantenerte motivado, enseñarte a decir NO o descubrirte las claves del éxito, etc.

Guías prácticas dirigidas a la salud y el bienestar. Cómo gestionar mejor tu tiempo, aprenderás a desconectar o adelgazar comiendo en la oficina. Estrategias para mantenerte joven, ofrecer tu mejor imagen y preservar tu salud física y mental, etc.

Guías prácticas para la vida doméstica. Consejos para evitar el cyberbulling, crear un huerto urbano o gestionar tus emociones. Orientaciones para decorar reciclando, cocinar para eventos o mantener entretenido a tu hijo, etc.

Guías prácticas dirigidas a todas aquellas actividades que no son trabajo ni tareas domésticas esenciales. Juegos, viajes, en definitiva, hobbies que nos hacen disfrutar de nuestro tiempo libre.

Guías para aprender o perfeccionar nuestra técnica en deportes o actividades físicas escritas por los mejores profesionales de la forma más instructiva y sencilla posible,

EDITATUM

Libros para crecer

www.editatum.com

www.ingramcontent.com/pod-product-compliance
Lightning Source LLC
LaVergne TN
LVHW011355080426
835511LV00005B/303